Maria-Regina & Michael Altmeyer

Lustige Deko-Figuren

CHRISTOPHORUS

Inhalt

- 3 Spaßfiguren mit Pfiff
- 4 Material & Technik

....

- 6 Kleine Elfe
- 8 Wassernixe
- 10 Flotter Feger
- 12 Maler Klecksel
- 14 Total verhext
- 16 Zur Hochzeit
- 18 Wilde Indianer
- 20 Süße Babys
- 22 Bruder Leo
- 24 Chefkoch
- 26 Gute Besserung
- 28 Friseurbesuch
- 30 Waldschrat

Spaßfiguren mit Pfiff

Bringen Sie mit unseren lustigen Spaßfiguren gute Laune in Ihr Heim! Die Figuren sind ganz leicht gemacht: Fertigteile aus Styropor bunt anmalen und mit Chenilledraht zusammenfügen, Haare aufkleben und pfiffig-freche Accessoires ergänzen. Fertig ist die Spaßfigur! So gestalten Sie eine kleine Hexe, einen rundlichen Chefkoch, eine liebliche Wassernixe oder den gemütlichen Bruder Leo. Natürlich eignen sich die fröhlichen Minis auch als nettes Mitbringsel. Ein Schornsteinfeger als Glücksbringer oder eine Krankenschwester für die Genesungswünsche sind immer eine willkommene Überraschung. Und um das Brautpaar und das süße Babypärchen zu verschenken, finden sich auch in Ihrem Familien- oder Freundeskreis bestimmt genügend Anlässe.

Wir wünschen Ihnen viel Freude beim Basteln Ihres Spaßbegleiters im Miniformat.

Ihre

Michael Altmeyer

Maria-Regina Altmeyer

Material & Technik

Material

Die Körper aller Figuren bestehen aus Styropor-Fertigteilen, die der Hobbyfachhandel anbietet. Bei einigen Motiven werden für Hände und Füße bereits vorgeformte Styroporteile verwendet, sie sind in kleiner und großer Ausführung erhältlich. Allerdings können statt dieser Fertigteile auch „normale" Styropor- oder Wattekugeln fixiert werden. Zur Befestigung von Armen und Beinen wird hauptsächlich Chenilledraht verwendet. Accessoires aus Tonkarton oder Filz runden jede Figur ab.

Hilfsmittel

Transparent- oder Architektenpapier, mittelgroße Schere, Cutter, Schneideunterlage aus Hartgummi (oder kräftiger Karton), Styropor-Kleber, Holzleim, Klebefilm, Zahnstocher, Bleistift, Filzstift in Schwarz, Pinsel. Diese Hilfsmittel werden in den einzelnen Anleitungen nicht mehr extra aufgeführt.

Schablonen anfertigen

Für die Motivteile aus Karton oder Filz werden Schablonen benötigt. Dazu Transparent- oder Architektenpapier auf den Vorlagebogen legen und Konturen und Linien mit einem Bleistift nachzeichnen. Dann die Transparentpapierteile auf Karton oder kräftiges Papier kleben und exakt ausschneiden. Diese Schablonen auf das jeweilige Material legen und an den Umrissen sorgfältig mit Bleistift umfahren.

Übertragen von Gesichtern

Gesichter vom Vorlagebogen auf Transparentpapier übertragen. Die Linien auf der Rückseite mit weichem Bleistift nachziehen, mit dieser Seite auflegen und mit einem harten Bleistift nachfahren. Die Linien übertragen sich so auf das Styropor und können nachgezeichnet werden.

Tipps & Tricks auf Seite 32

Deko-Figuren gestalten

1 Zur besseren Übersicht zunächst die benötigten Styroporteile auf der Arbeitsfläche anordnen. Mit gekürzten Zahnstochern die Styroporrohlinge ineinander stecken. Bei den Kopfteilen immer zwei Hölzer verwenden, damit sich die Teile nicht gegeneinander verdrehen können. Bei Kleinteilen wie einer Wattekugel reicht ein Hölzchen. Zum besseren Halt zusätzlich etwas Holzleim auf die Verbindungsflächen geben.

2 Wenn der Leim getrocknet ist, die Styroporteile mit Bastelfarben bemalen. Durch Kombinieren von zwei Hauttönen entstehen besonders effektvolle Gesichter: So können Wangen und Nase in einem dunkleren Hautton, die übrigen Flächen in einem hellen Ton bemalt werden. Wangen und Nase lassen sich aber auch mit dem Kosmetikprodukt Creme Rouge besonders hervorheben. Wenn der Farbauftrag getrocknet ist, kann nach Wunsch noch ein Schutzlack aufgetragen werden.

3 Zum Schluss sämtliche Einzelteile an der entsprechenden Position anordnen und Hände und Füße je nach Figur mit Chenilledrähten oder Holzstäbchen im Styroporrumpf befestigen. Dazu an den entsprechenden Stellen Löcher ins Styropor bohren, einen Tropfen Leim in die Befestigungslöcher geben und Arme und Beine einstecken. Anschließend die restlichen Teile wie Haare oder Halsschleifen ergänzen und jede Figur mit den für das Motiv typischen Accessoires ausstatten.

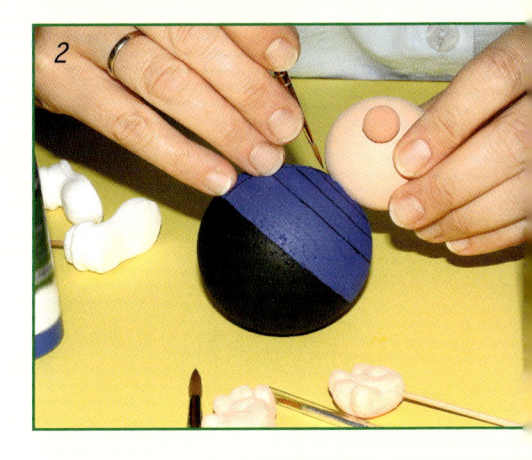

Kleine Elfe

Material

- Styroporkegel, 6 cm
- Styroporkugel, 3 cm ⌀
- 2 Wattekugeln, 15 mm ⌀
- Holzperle in Rosa, 6 mm ⌀
- 2 kleine Flauschfedern in Violett
- Chenilledraht in Weiß
- Tonkarton in Violett, Hellgrün
- Baumwollfransengirlande in Hellgrün
- Satinband in Hellgrün, 3 mm breit
- 2 Blütenscheiben in Hellgrün
- Acrylfarben in Weiß, Hautfarbe, Rosa, Violett, Schwarz

Vorlagen A1 – A5

Motivgröße: 11 cm

1 Die Styroporkugel an der Spitze des Styroporkegels befestigen (Anleitung Seite 5). Styropor- und Watteteile nach Abbildung und Vorlage A1 bemalen. Beim Kleid violette Farbe in die noch feuchte weiße Grundfarbe tupfen, bei den Wangen ebenfalls feucht in feucht arbeiten. Als Nase eine Holzperle fixieren.

2 Zwei 5 cm lange Chenilledrähte mit Wattekugeln ergänzen und die Arme am Rumpf befestigen. Das Fußpaar aus Tonkarton zuschneiden (Vorlage A2) und unter die Kegelbasis kleben. Als Haare Baumwollfransengirlande fixieren. Auf dem Rücken die Federflügel anbringen.

3 Aus Tonkarton den Glockenhut zuschneiden. Den violetten Blütenkranz (Vorlage A3) zu einem Kegel formen und mit Klebstoff fixieren. Die Blütenenden über einen Bleistift ziehen und nach außen rollen. Das grüne Oberteil auf gleiche Weise anfertigen (Vorlage A4) und aufkleben. Den Hut der Elfe aufsetzen. Die Blütenscheiben auf das Satinband fädeln und der Elfe um den Hals binden.

4 Das Herzschild an der gestrichelten Linie doppelt ausschneiden und falten (Vorlage A5). Schriftzug und Umrandung mit Acrylfarbe auftragen.

Von Herzen

Wassernixe

Material

- Styroporherz in Tropfenform, 8 x 5,5 cm
- Styroporkugel, 4 cm ⌀
- 2 Wattekugeln, 20 mm ⌀
- Glasschliffperle in Grün, 6 mm ⌀
- Aludraht in Grün, 3 mm ⌀
- Grasfaser in Hellgrün
- Tonkarton in Hellgrün
- Hologrammfolie in Hellgrün
- Satinband in Hellgrün, 3 mm breit
- Acrylfarben in Weiß, Hautfarbe, Hellgrün, Rot, Schwarz
- Glimmerfarbe in Grün
- Abstandsband

Vorlagen B1 – B3

Motivgröße: 15 cm

1 Den Kopf seitlich auf dem Styroporherz anbringen (Anleitung Seite 5). Sämtliche Styroporteile farblich gestalten. Das Gesicht nach Vorlage B1 gestalten. Hände und Körper mit einem Marmoreffekt überziehen, dazu hellgrüne Farbe in die noch feuchte weiße Grundierung tupfen. Zuletzt das grüne Schuppenmuster auftragen und nach dem Trocknen mit Glimmerfarbe einige Glanzeffekte setzen. Als Nase eine Glasschliffperle aufkleben.

2 Für die Arme den Aludraht durch den Nixenkörper stechen und die Hände an den Enden aufstecken. Aus Tonkarton die Flosse ausschneiden (Vorlage B2) und beidseitig mit Hologrammfolie bekleben. Mit dem Cutter einen Schlitz in die Herzspitze schneiden, die Flosse einschieben und mit Klebstoff fixieren. Grasfaser mit Satinband in der Mitte abbinden und auf dem Kopf anbringen.

3 Das Wellenschild aus Tonkarton arbeiten (Vorlage B3). Die gestrichelten Linien falzen, die durchgezogenen Wellenlinien mit dem Cutter aufritzen. Einzelne Wellen mit Abstandsband fixieren. Schaumkronen mit weißer Farbe auftupfen, Schriftzug mit Filzstift aufmalen. Zuletzt mit Glimmerfarbe dekorieren.

VON NIX KOMMT NIX

Flotter Feger

Material

- Styroporei, 6 cm
- Styroporkugel, 4 cm ⌀
- Styroporhände, 2,5 cm
- Styroporfüße, 4 cm
- Holzperle in Rot, 8 mm ⌀
- Tonkarton in Weiß, Hautfarbe, Grün, Rot
- Chenilledraht in Schwarz
- Langhaarplüsch in Grau
- Taftband in Rot, 8 mm breit
- Velours-Zylinder, innen 3 cm ⌀
- Acrylfarben in Weiß, Hautfarbe, Rot, Blau, Grau, Schwarz
- Creme Rouge
- Abstandsband

Vorlagen C1 – C8

Motivgröße: 17 cm

1 Das Styroporei und die Styroporkugel zusammenfügen (Anleitung Seite 5). Die Styroporteile mit Acrylfarben anmalen, das Gesicht nach Vorlage C1. Wangen mit Creme Rouge betonen. Hände mit je einem 5 cm langen, Schuhe mit je einem 10 cm langen Chenilledraht am Rumpf befestigen, die Beindrähte zum besseren Halt doppelt legen und ineinander verdrehen.

2 Als Nase eine Holzperle fixieren. Aus Tonkarton die Ohren (Vorlage C2) zuschneiden. Seitlich in den Kopf zwei Schlitze schneiden und die Ohren einschieben. In den Zylinder einen Rest Langhaarplüsch einkleben und Haare und Zylinder auf dem Kopf befestigen. Den Zylinder mit rotem Taftband verzieren. Um den Hals des Schornsteinfegers eine große Schleife binden.

3 Aus Tonkarton Knöpfe (Vorlage C3), Leiter (Vorlage C4), Käfer (Vorlage C5) und Kleeblatt (Vorlage C6) zuschneiden. Bei Käfern und Knöpfen die Punkte und Linien mit schwarzem Filzstift aufmalen. Käfer und Knöpfe mit Abstandsband fixieren. Das Kleeblatt befestigen, die Leiter am Arm unterklemmen.

4 Die Schildvorlage C7 (Haus) an der Wandlinie doppelt ausschneiden und falzen. Fensterläden an den gestrichelten Linien falzen und aufkleben. Dach und Fenster (Vorlage C8) ergänzen. Mit schwarzem Filzstift beschriften.

Viel Glück im neuen Haus!

Maler Klecksel

Material

- Styroporeier, 6 cm, 4,5 cm
- Styroporkugel, 4 cm Ø
- Wattekugeln:
  - 2x 20 mm Ø
  - 1x 12 mm Ø
- Schaschlikstäbchen:
  - 2x 5 cm
  - 1x 4 cm
- Baumwollstoff in Rot-Weiß kariert
- Langhaarplüsch in Schwarz
- Rest Zeitungspapier
- Wellpappe in Rot
- Rest Alupapier
- Tapetenreste
- Chenilledraht in Weiß
- Draht, 9 mm Ø
- Acrylfarben in Weiß, Hautfarbe, Rot, Blau, Grün, Grau, Schwarz
- Creme Rouge

Vorlagen D1 – D5

Motivgröße: 14 cm

1 Kopf und Rumpf zusammenfügen (Anleitung Seite 5), als Nase eine kleine Wattekugel fixieren. Das kleine Styroporei der Länge nach halbieren, dann sämtliche Einzelteile nach Abbildung und Vorlage D1 farbig gestalten. Wangen mit Creme Rouge betonen. Die Hände mit je einem 6 cm langen Chenilledraht am Körper befestigen, die Schuhe mit je einem Schaschlikstäbchen fixieren. Als Haare einen Rest Langhaarplüsch aufkleben. Den Hut aus Zeitungspapier nach der Vorlage D2 falten (Nummerierung beachten), zusammenkleben und auf den Haaren befestigen. Halstuch (Vorlage D3) ergänzen.

2 Für den Eimer aus roter Wellpappe einen Längsstreifen (Vorlage F4) schneiden, von der schmalen Seite her aufrollen und fixieren. Die Henkellöcher einstechen und einen etwa 6 cm langen Drahtbügel durchziehen. Die Drahtenden zu Ösen biegen. Beschriftetes Etikett ergänzen. Für den Pinsel das Ende eines etwa 4 cm langen Schaschlikstäbchens mit etwas Langhaarplüsch umwickeln, die Borsten mit Klebstoff fixieren. Die Ansatzstelle mit einem schmalen Streifen Alupapier kaschieren. Den Pinsel in den Eimer stecken. Tapetenreste, 6 x 15 cm, aufrollen, fixieren und dem Maler unter einen Arm klemmen.

3 Das Kärtchen zweimal aus Tonkarton zuschneiden (Vorlage D5), oben zusammenkleben und mit dem roten Innenteil beidseitig ergänzen. Henkellöcher einstechen und einen etwa 15 cm langen, gebogenen Draht durchziehen. Linien und Schriftzug mit Filzstift aufbringen.

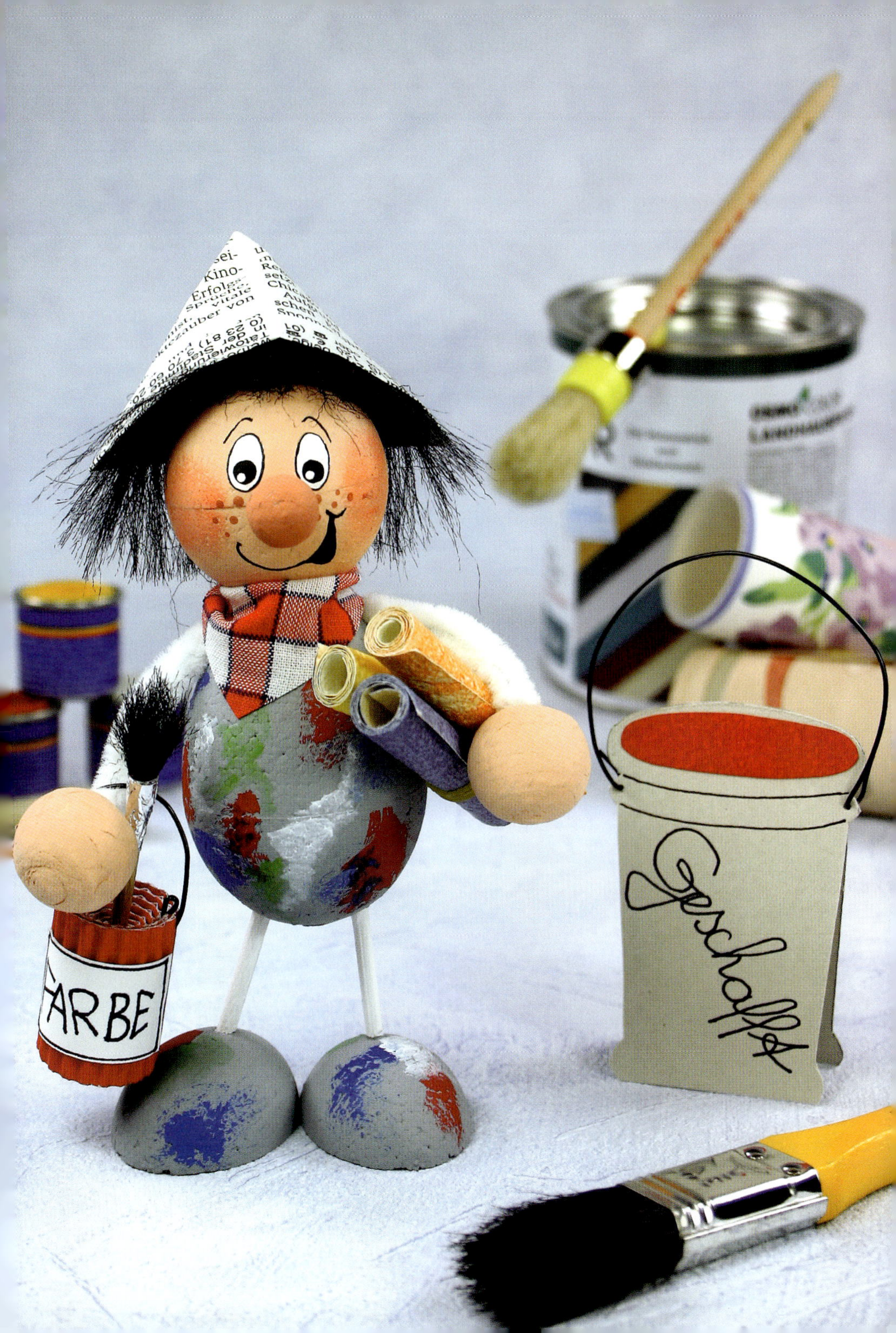
FARBE
Geschafft

Total verhext

Material

- Styroporeier, 6 cm ⌀, 4,5 cm ⌀
- Wattekugel, 12 mm ⌀
- Styroporhände, 2,5 cm
- Styroporfüße, 3,5 cm
- Chenilledraht in Schwarz
- Draht in Grün, 1 mm ⌀
- Schaschlikstäbchen, ca. 10 cm lang
- Bast in Orange, Hellgrün, Schwarz
- Zweigrest
- Tonkarton in Orange, Schwarz
- Acrylfarben in Weiß, Hautfarbe, Orange, Hellgrün, Grau, Schwarz
- Abstandsband

Vorlagen E1 – E4

Motivgröße: 14 cm

1 Für die Augen die Wattekugel halbieren. Den Kopf (kleines Ei) schräg auf dem großen Styroporei befestigen (Anleitung Seite 5). Alle Teile nach Abbildung bemalen, das Gesicht nach Vorlage E1. Farbeffekte ergeben sich durch nochmaliges Auftupfen eines anderen Farbtons in die noch feuchte Grundfarbe. Die Augen ergänzen, als Nase ein kurzes Zweigstück einstecken.

2 Hände mit je einem 5 cm langen, Schuhe mit je einem 10 cm langen Chenilledraht am Rumpf befestigen. Die Beindrähte zum besseren Halt doppelt legen und ineinander verdrehen. Nach Vorlage E2 aus grünem Draht die Brille biegen, die Bügel rechtwinklig abknicken und der Hexe aufsetzen (Drahtenden in den Kopf stecken).

3 Mehrere schwarze Baststränge, etwa 15 cm lang, bündeln und in der Mitte abbinden. Die Haare auf den Kopf kleben. Mit einer Nadel die Bastenden ausfransen und die Zöpfe mit grünem Bast abbinden. Um den Hals eine große Bastschleife binden.

4 Das Schaschlikstäbchen grün grundieren. Orangefarbenen Bast, etwa 6 cm lang, bündeln und an einem Ende des Stäbchens fixieren. Den Besen der Hexe in den Arm legen.

5 Das Schild aus Tonkarton zuschneiden (Vorlage E3) und an der gestrichelten Linie falten. Schriftzug aufmalen und mit Filzstift umranden. Die Fledermaus (Vorlage E4) mit Abstandsband befestigen.

TOTAL VERHEXT

Zur Hochzeit

Material

- Styropoei, 6 cm
- Styroporherz in Tropfenform, 8 x 5,5 cm
- 2 Styroporkugeln, 4 cm ⌀
- 4 Styporhände, 2,5 cm
- 4 Styroporfüße, 3,5 cm
- 2 Holzperlen, 8 mm ⌀
- Chenilledraht in Weiß, Schwarz
- Velours-Zylinder, innen 3 cm ⌀
- Baumwollfransengirlande in Gelb
- Tüll in Weiß, 8 x 15 cm
- Spitzenband, 2 cm breit
- Satinband in Silber, 3 mm, 6 mm breit
- Dekoblümchen
- Tonkarton in Weiß, Rosa
- Acrylfarben in Weiß, Hautfarbe, Rosa, Blau, Grau, Schwarz
- Silberstift
- Abstandsband

Vorlagen F1 – F3

Motivgröße: 17 cm

1 Den Kopf auf dem Styroporei beziehungsweise auf dem Styroporherz befestigen (Anleitung Seite 5). Holzperlen als Nasen fixieren. Sämtliche Teile nach Abbildung und Vorlagen F1 (Gesichter) und F2 (Frack) mit Acrylfarben bemalen.

2 Die Hände mit je 5 cm langen Chenilledrähten am Körper anbringen, bei den Beinen die Drähte (Braut 8 cm, Bräutigam 10 cm) doppelt legen und ineinander verdrehen. Als Haare Baumwollfransengirlande fixieren. Dem Bräutigam den Zylinder aufsetzen und mit einem silbernen Satinband, 6 mm breit, dekorieren. Um den Hals ebenfalls eine Schleife binden. Die Schnürsenkel aus dem schmalen Satinband binden und fixieren.

3 Den Brautschleier aus Tüll und zwei Spitzenbändern von jeweils 22 cm Länge binden. Für die Halskrause etwa 15 cm Spitzenband mit einem weißen Faden kräuseln und die Krause um den Hals binden. In die Hand ein Brautsträußchen kleben.

4 Das Kärtchen an der gestrichelten Linie doppelt ausschneiden und falten (Vorlage F3). Das Spruchband mit Silberstift beschriften und mit Abstandsband auf das Kärtchen kleben. Seitlich Löcher in die Karte stanzen, Satinband durchziehen und zur Schleife binden.

Das Brautpaar lebe hoch

Wilde Indianer

Material

- Styroporkegel, 6 cm (je Figur)
- Styroporkugel, 3 cm ⌀ (je Figur)
- 2 Wattekugeln, 15 mm ⌀ (je Figur)
- Holzperle, 6 mm ⌀ (je Figur)
- Chenilledraht in Gelb, Rot
- Dünner Draht
- Bunte Indianerperlen, 2 mm ⌀
- Wolle in Rot, Schwarz
- Filz in Rot
- Samtfaden in Rot
- Tonkarton in Weiß, Gelb, Orange, Rot, Grün, Hellblau, Schwarz
- Öko-Schnipselkarton in Grau
- Acrylfarben in Weiß, Hautfarbe, Gelb, Orange, Rot, Hellblau, Grün, Schwarz
- Abstandsband

Vorlagen G1 – G5

Motivgröße: 11 cm

1 Für jede Figur die Styroporkugel an der Spitze des Styroporkegels befestigen (Anleitung Seite 5). Styropor- und Watteteile nach Abbildung bemalen, die Gesichter nach Vorlage G1. Als Nase eine Holzperle fixieren. Zwei je 5 cm lange Chenilledrähte mit Wattekugeln ergänzen und die Arme am Rumpf anbringen. Das Fußpaar aus Tonkarton zuschneiden (Vorlage G2) und unter die Kegelbasis kleben.

2 Beim Indianermädchen ein Bündel Wollfäden von etwa 20 cm Länge zuschneiden und auf dem Kopf fixieren. Zöpfe flechten und mit rotem Samtfaden abbinden. Aus weißem Tonkarton zwei Federn (Vorlage G3) schneiden, die Spitze und die Mittellinie mit einem schwarzen Filzstift aufmalen. Die Federn seitlich fransig einschneiden. Aus rotem Filz einen Streifen von 11 cm Länge und 5 mm Breite schneiden, die Federn einkleben und das Stirnband am Mädchenkopf fixieren. Indianerperlen auf einen dünnen Draht fädeln und die Kette dem Mädchen um den Hals binden.

3 Beim Indianerjungen etwa 8 – 10 cm lange Wollfäden als Haare aufkleben. Für den Kopfschmuck mehrere bunte Federn anfertigen (Vorlage G4) und wie beim Mädchen mit einem Stirnband aus Filz befestigen. Aus Öko-Schnipselkarton das Schild zuschneiden (Vorlage G5) und mit einem Filzstift beschriften. Den einzelnen Felsbrocken mit Abstandsband aufkleben.

INDIANER LADEN EIN

Süße Babys

Material

- 2 Styroporherzen, 5 cm
- 2 Styroporkugeln, 4 cm ⌀
- Wattekugeln (je Figur):
  - 1x 12 mm ⌀
  - 2x 15 mm ⌀
  - 2x 20 mm ⌀
- Baumwollgarn oder Kordel in Weiß, 2,5 cm ⌀
- Satinband in Weiß, Hellblau, 3 mm breit
- Tonkarton in Weiß, Hautfarbe, Orange, Rosa, Blau
- Acrylfarben in Weiß, Hautfarbe, Rosa, Hellblau, Blau, Schwarz
- Abstandsband
- Zackenschere

Vorlagen H1 – H5

Motivgröße: 14 cm

1 Das Styroporherz mit der Spitze an der Styroporkugel befestigen (Anleitung Seite 5). Als Nase eine kleine Wattekugel fixieren. Die Babys gemäß Abbildung mit Acrylfarben anmalen, die Gesichter nach Vorlage H1.

2 Hände und Füße mit je etwa 5 cm langen Baumwollbändern oder Kordeln am Babykörper fixieren. Seitlich in den Kopf mit dem Cutter Schlitze einritzen und die Tonkartonohren (Vorlage H2) einschieben. Einen Rest Baumwollgarn als Haarschopf festkleben. Die Garnenden ausfransen.

3 Aus Tonkarton die Einzelteile von Lätzchen (Vorlage H3) und Schnuller (Vorlage H4) ausschneiden, das Lätzchenunterteil mit einer Zackenschere bearbeiten. Die Teile zusammenkleben, dabei beim Lätzchen ein etwa 10 cm langes weißes Satinband dazwischenschieben, beim Schnuller ein hellblaues Band anknoten. Die Schnullerlinie mit Filzstift aufzeichnen, das ausgestanzte Herz mit Abstandsklebeband fixieren.

4 Das große Schild (Vorlage H5) ähnlich wie das Lätzchen anfertigen. Den Schriftzug aufmalen und mit Filzstift umranden. Als Bindeband ein etwa 20 cm langes Satinband verwenden.

HALLO BABY

Bruder Leo

Material

- Styroporeier,
  4,5 cm, 8 cm
- Styroporkugel, 4 cm ⌀
- Wattekugeln,
  12 mm ⌀, 20 mm ⌀
- Langhaarplüsch in Grau
- Filz in Braun
- Rundholz, 8 mm ⌀,
  2x 4 cm
- Tonkarton in Hautfarbe,
  Grau
- Schreibpapier in Weiß
- Baumwollkordel in Weiß
- Goldband
- Acrylfarben in Weiß,
  Hautfarbe, Blau,
  Braun, Schwarz
- Goldstift

Vorlagen J1 – J6

Motivgröße: 14 cm

1 Vom großen Ei unten mit dem Cutter etwa 1/4 (2 cm) abschneiden. Das kleine Ei sowie die große Wattekugel halbieren. Den Kopf am Rumpf fixieren (Anleitung Seite 5). Alle Einzelteile mit Acrylfarben nach Abbildung bemalen, das Gesicht nach Vorlage J1. Hände und Nase (kleine Wattekugeln) befestigen. Rundhölzer hautfarben grundieren und die Füße mit den Hölzern im Rumpf befestigen. Seitlich in den Kopf Schlitze ritzen und die Ohren (Vorlage J2) aus Tonkarton einschieben.

2 Die Hutkrempe (Vorlage J3) einmal, das Kopfteil (Vorlage J4) doppelt aus Filz zuschneiden. Die Krempe in der Mitte sternförmig einschneiden. Kopfteile an den gestrichelten Linien aufeinander nähen und wenden. Die Krempe mit den Zacken im Kopfteil einkleben. Einen Rest Langhaarplüsch halbkreisförmig in den Hut kleben und den Hut auf dem Kopf fixieren.

3 Um die Hüfte unterhalb der Hände eine Kordel knoten. Aus grauem Tonkarton die Buchhülle ausschneiden (Vorlage J5), den Karton in der Mitte knicken und mit Goldstift beschriften. Einige weiße Seiten einkleben und ein Goldband um die Falzkante binden. Aus Tonkarton den Bierkrug ausschneiden (Vorlage J6) und Spruch und Zierlinien mit blauer Farbe ergänzen.

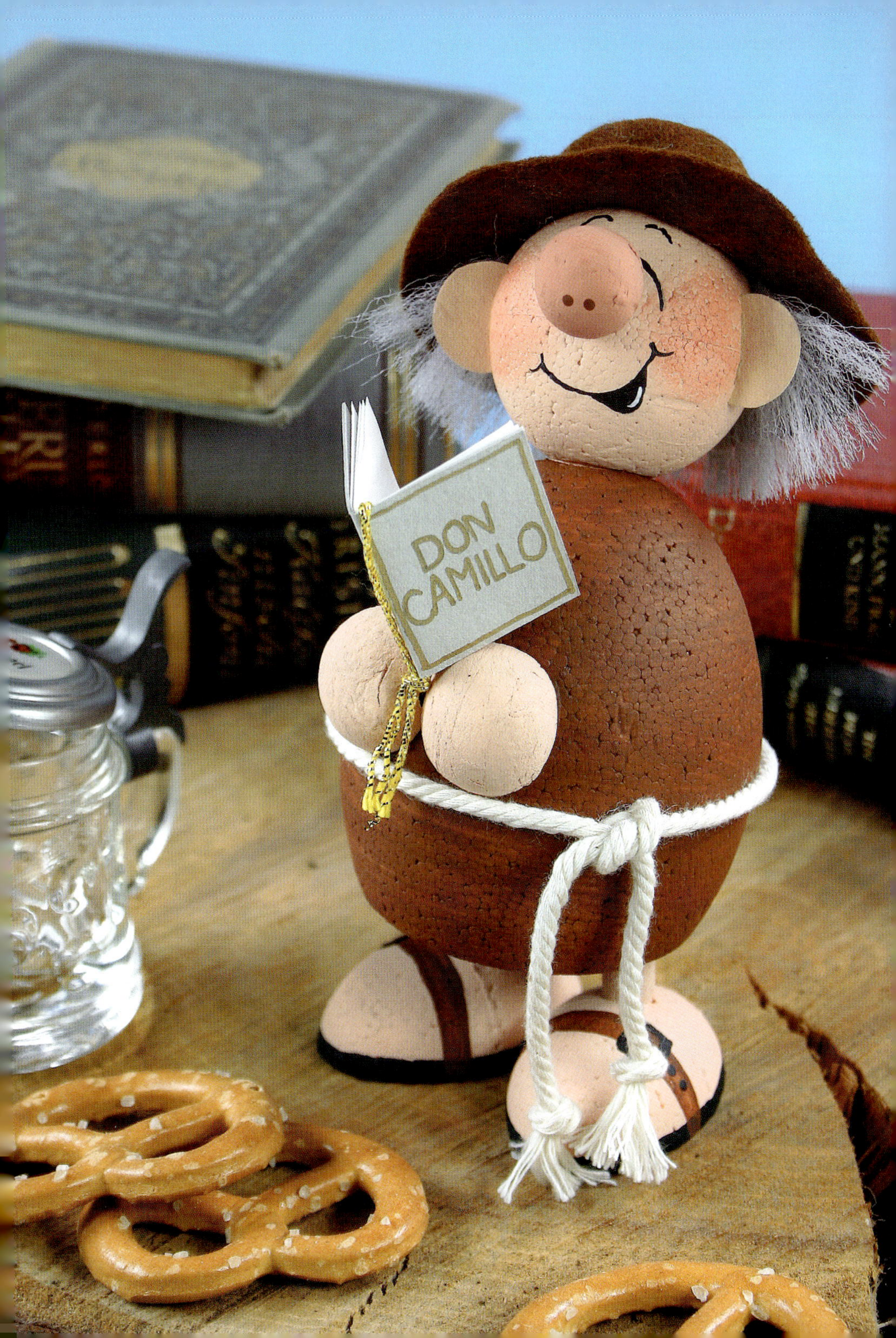
DON CAMILLO

Chefkoch

Material

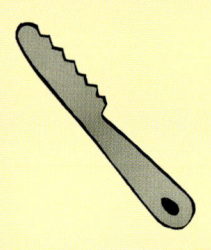

- Styroporkugeln, 4 cm Ø, 6 cm Ø
- Styroporei, 4,5 cm Ø
- Wattekugeln:
  - 1x 12 mm Ø
  - 2x 15 mm Ø
  - 2x 20 mm Ø
- Rundholz, 8 mm Ø, 2x 4 cm lang
- Filz in Weiß
- Samtfaden in Weiß
- Tonkarton in Weiß, Hautfarbe, Grau
- Chenilledraht in Weiß
- Acrylfarben in Weiß, Hautfarbe, Taubenblau, Schwarz

Vorlagen K1 – K6

Motivgröße: 15 cm

1 Die große Styroporkugel auf der kleinen Kugel befestigen (Anleitung Seite 5), die kleine Wattekugel als Nase fixieren. Die mittelgroße Wattekugel halbieren und die Bäckchen am Kopf anbringen. Sämtliche Styropor- und Watteteile sowie die Rundhölzer nach Abbildung und Vorlagen K1 (Gesicht) und K2 (Schürze) mit Acrylfarben bunt bemalen.

2 In den Kopf zwei Schlitze schneiden und die beiden Ohren (Vorlage K3) aus Tonkarton einstecken. Das Styroporei der Länge nach durchschneiden. Die Hände mit zwei je 5 cm langen Chenilledrähten, die Schuhe mit den Rundhölzern am Körper fixieren.

3 Aus Filz (Vorlage K4) die Kochmütze doppelt zuschneiden. Die Zuschnitte an den gestrichelten Linien zusammennähen, wenden und die Mütze auf dem Kopf platzieren.

4 Aus Samtfaden zwei Schleifen binden und als Schuhbänder fixieren. Messer und Gabel aus Tonkarton ausschneiden (Vorlage K5). Die Konturen mit Acrylfarbe hervorheben und das Besteck an den Händen festkleben.

5 Das Schild und den Löffel aus Tonkarton schneiden (Vorlage K6). Das Schild an der gestrichelten Linie falzen. Den Schriftzug mit blauer Acrylfarbe auftragen.

Guten Appetit
CHEF

Gute Besserung

Material

- Styroporei, 6 cm
- Styroporkugel, 4 cm ⌀
- Wattekugel, 12 mm ⌀
- Styroporhände, 2,5 cm
- Styroporfüße, 3,5 cm
- Chenilledraht in Weiß
- Filz in Weiß, Rot
- Langhaarplüsch in Schwarz
- Tonkarton in Weiß, Hautfarbe
- Acrylfarben in Weiß, Hautfarbe, Blau, Schwarz
- Abstandsband

Vorlagen L1 – L4

Motivgröße: 15 cm

1 Kopf und Rumpf zusammenfügen, als Nase eine Wattekugel befestigen (Anleitung Seite 5). Alle Teile nach Abbildung mit Acrylfarben bunt gestalten, das Gesicht nach Vorlage L1. Die Hände mit je 5 cm langen Chenilledrähten am Körper befestigen, die jeweils 10 cm langen Drähte für die Beine doppelt legen und ineinander verdrehen.

2 Als Haare schwarzen Langhaarplüsch verwenden. Die Schürze aus weißem Filz zuschneiden (Vorlage L2), mit dem roten Filzkreuz versehen und der Schwester umbinden. Das Häubchen ebenfalls aus Filz arbeiten (Vorlage L3) und auf dem Kopf fixieren.

3 Aus hautfarbenem und weißem Tonkarton das „Gute Besserung" - Schild ausschneiden (Vorlage L4) und zusammenkleben, beim separaten Fingerteil Abstandsband benutzen. Linien und Schriftzug mit schwarzem Filzstift aufmalen.

Gute Besserung

Friseurbesuch

Material

- Styroporkugeln,
  4 cm ⌀, 6 cm ⌀
- Wattekugel, 12 mm ⌀
- Styroporhände, 2,5 cm
- Styroporfüße, 4 cm
- Chenilledraht in Blau, Schwarz
- Langhaarplüsch in Schwarz
- Satinband in Blau, 3 mm breit
- Tonkarton in Weiß, Hautfarbe, Blau, Grau
- Acrylfarben in Weiß, Hautfarbe, Blau, Grau, Schwarz
- Creme Rouge
- Abstandsband

Vorlagen M1 – M7

Motivgröße: 14 cm

1 Die kleine Styroporkugel auf der großen Kugel anbringen (Anleitung Seite 5). Als Nase eine Wattekugel befestigen. Alle Teile nach Abbildung und Vorlagen M1 (Gesicht) und M2 (Körper) mit Acrylfarben gestalten.

2 Für die Beine je einen 10 cm langen schwarzen Chenilledraht doppelt legen und ineinander verdrehen. Bei den Armen je einen blauen und schwarzen Draht von 5 cm Länge miteinander verdrehen. Schuhe und Hände am Rumpf befestigen. Aus Satinband zwei Schleifen binden und als Schuhbänder fixieren.

3 In den Kopf zwei Schlitze schneiden und die beiden Ohren (Vorlage M3) aus Tonkarton einstecken. Schnauz- und Kinnbart aus Langhaarplüsch formen und fixieren. Aus grauem Tonkarton Schere (Vorlage M4) und Kamm (Vorlage M5) schneiden. Mit schwarzem Filzstift die Scherenlinien sowie die Kammborsten andeuten und Schere und Kamm in den Handflächen festkleben.

4 Das Schildchen an der gestrichelten Linie doppelt ausschneiden und knicken (Vorlage M6). Tonkartonaugen aufkleben. Wangen mit Creme Rouge tönen. Pupillen, Nase und Mundlinien mit Filzstift aufmalen. Den blauen Haarschopf (Vorlage M7) beschriften und mit Abstandsband befestigen.

Bitte Schneiden!

Waldschrat

Material

- Styroporei, 6 cm
- Styroporkugel, 4 cm ⌀
- 2 Wattekugeln, 12 mm ⌀
- Styroporhände, 2,5 cm
- Styroporfüße, 4 cm
- Aststückchen für die Nase
- Chenilledraht in Grün
- Kokosfaser in Grün
- Juteschnur in Grün
- Modellierfilz in Grün
- Tonkarton in Hellgrün
- Acrylfarben in Weiß, Gelb, Hellgrün, Grün, Braun, Schwarz

Vorlagen N1 – N3

Motivgröße: 15 cm

1. Styroporei und -kugel zusammenfügen (Anleitung Seite 5). Styropor- und Watteteile nach Abbildung und Vorlage N1 (Gesicht) bemalen. Die Figur hellgrün grundieren, die übrigen Farben in die noch feuchte Grundierung tupfen. Dabei Kopf, Hände und Füße etwas heller gestalten, Bauch und Schuhsohlen mit brauner Farbe dunkler nuancieren. In dem Kopf eine Vertiefung anbringen und ein Aststückchen als Nase einkleben. Darüber die Glupschaugen fixieren.

2. Die Hände mit je einem 7 cm langen Chenilledraht, die Schuhe mit je einem 10 cm langen Draht am Rumpf befestigen. Die Beindrähte zum besseren Halt doppelt legen und ineinander verdrehen.

3. Ohren aus Modellierfilz zuschneiden (Vorlage N2), anfeuchten und formen. Nach dem Trocknen behalten die Ohren ihre Form. In den Kopf Schlitze schneiden und die Ohren einkleben. Haare aus Kokoswolle anbringen. Als Schnürsenkel einige Fasern Kokoswolle an den Schuhen fixieren. Um den Körper einen Gürtel aus Juteschnur knoten. Auf der Rückseite ein kleines Loch bohren und ein Schwänzchen (ebenfalls aus Juteschnur) einkleben.

4. Aus Tonkarton die Raupe doppelt ausschneiden (Vorlage N3) und an Kopf, Rücken und Ende zusammenkleben. Mit Acrylfarben bemalen, den Schriftzug mit schwarzem Filzstift umranden.

HALLO FREUNDE

Impressum

© Christophorus
im Verlag Herder
Freiburg im Breisgau 2005
Alle Rechte vorbehalten –
Printed in Germany
ISBN 3-419-56669-7

Dieses Buch und alle darin gezeigten Modelle sind urheberrechtlich geschützt. Jede gewerbliche Nutzung der Arbeiten und Entwürfe, ein Nachdruck, auch auszugsweise, sowie die Verbreitung durch Fotokopien, Internet und elektronische Medien, durch Film, Funk und Fernsehen ist untersagt und wird zivil- und strafrechtlich verfolgt. Bei Anwendung im Unterricht und in Kursen ist auf dieses Buch hinzuweisen.

Lektorat:
Gisa Windhüfel, Freiburg

Styling und Fotos:
Maria-Regina und
Michael Altmeyer, Werl

Titelbild: Christoph Schmotz, Freiburg

Covergestaltung und Layoutentwurf:
Network!, München

Coverrealisierung und Gesamtproduktion:
smp, Freiburg

Druck:
Freiburger Graphische Betriebe

Verlag Herder GmbH
Christophorus-Verlag
Hermann-Herder-Str. 4
79104 Freiburg

Tel.: 0761/2717-0
Fax: 0761/2717-352

E-Mail:
info@christophorus-verlag.de

www.christophorus-verlag.de

Profi-Tipps der Autoren

■ Nur mit einem für Styropor geeigneten Klebstoff oder Leim arbeiten.

■ Die zu bemalenden Styroporteile auf Schaschlikstäbchen spießen. Das Bemalen ist dann viel leichter, außerdem können die Teile zum Trocknen in eine Vase gestellt oder in eine Styroporplatte gesteckt werden.

■ Beim Übertragen von Gesichtern oder Linien auf gewölbten Flächen das Transparentpapier seitlich mehrmals einschneiden. Es kann so besser aufgelegt werden.

■ Kordel- oder Bandenden vor dem Befestigen im Styropor mit Klebefilm umwickeln. Sie lassen sich so einfacher einstecken und fransen nicht aus.

■ Die Figuren sind so leicht, dass sie überall aufgehängt werden können. Dazu muss bei den Modellen nur ein Aufhängeband ergänzt werden.

Kreativ-Service

Sie haben Fragen zu den Büchern und Materialien? Frau Erika Noll ist für Sie da und berät Sie rund um die Themen Basteln und kreatives Hobby. Rufen Sie an! Wir interessieren uns auch für Ihre eigenen Ideen und Anregungen. Schreiben Sie an Frau Noll oder direkt an den Verlag, wir hören gern von Ihnen! Per E-Mail: **mail@kreativ-service.info** oder
Tel. **071 50/30 27 77** | Mo. – Do.: 9.00 – 16.00 Uhr / Fr.: 9.00 – 13.00 Uhr